PÉRÉGRINATIONS

AUX

PRINCIPAUX THÉATRES DE LA GUERRE

1870-1871

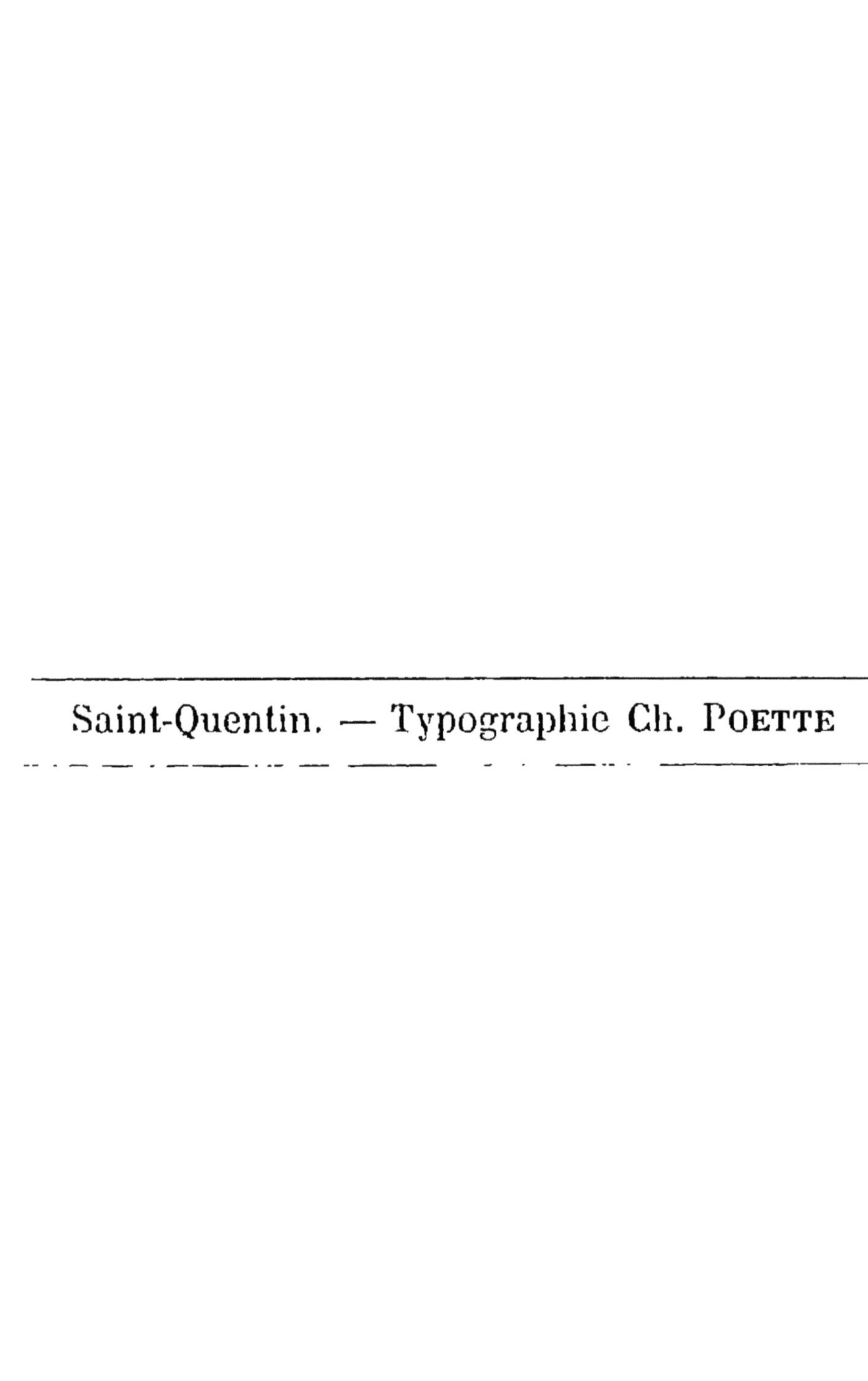

Saint-Quentin. — Typographie Ch. Poette

PÉRÉGRINATIONS

AUX

PRINCIPAUX THÉATRES DE LA GUERRE

1870-1871

PAR A. OGNIER

DE GOUY

MEMBRE DE PLUSIEURS SOCIÉTÉS SAVANTES,

AUTEUR DE DIVERS OUVAGES

SAINT-QUENTIN

CHEZ TOUS LES LIBRAIRES

1871

PÉRÉGRINATIONS

AUX

PRINCIPAUX THÉATRES DE LA GUERRE

1870-1871

I

Gravelotte.

Le 18 août dernier, l'armée française, après avoir combattu vaillamment et épuisé vers trois heures après midi ses munitions, dut se replier sur Metz, sans pouvoir coucher sur ses positions.

Hier, après avoir eu chaud pour gravir entre le bois de Vaux et celui des Ognons cette côte qui conduit au plateau de Gravelotte, je pensais être plus heureux que l'armée et coucher sur le champ de bataille, mais une avalanche de près de deux cents voitures de convoyeurs prussiens s'étant abattue sur cette petite localité à jamais célèbre, il me fut impossible de m'y reposer, toutes les maisons étant littéralement pleines. Il paraît que cela lui arrive encore de temps en temps.

Gravelotte est une commune de 6 à 700 habitants, sur la route de Metz à Verdun ; elle est bâtie sur un plateau assez étendu.

Je n'ai pas l'intention de décrire cette bataille, l'une des principales de la malheureuse guerre contre l'Allemagne ; je veux seulement relater ce que j'ai vu et appris sur les lieux.

Le 16 août, on s'était déjà battu à Vionville et à Rezonville distants de 3 et 6 kilomètres de Gravelotte. Le soir à 11 heures, Bazaine se trouvant dans cette dernière localité, chargea un jeune homme que j'ai vu d'une dépêche pour Ladmirault qui devait être à Mars-la-Tour et qui ne fut trouvé que le lendemain à sept heures du matin à Doncourt, déjeunant avec Lebœuf. Ce jeune homme avait fait 50 kilomètres pour voir Ladmirault ; les chefs ne savaient pas respectivement où ils devaient se trouver. Désordre complet ! Malheureuse campagne mal organisée et qui ne pouvait aboutir qu'à des désastres.

A Gravelotte, il n'y a eu que peu de maisons endommagées, mais la ferme de Mogador qui en dépend a été entièrement détruite ; un peu plus loin St-Hubert et Moscou ont aussi beaucoup souffert. — Je pensais coucher à St-Hubert qui est un peu restauré ; c'est une ferme-auberge isolée sur la route, mais quand j'ai su qu'il y avait dans le jardin 2,800 Prussiens enterrés, j'ai préféré aller plus loin ; je n'avais pourtant plus rien à en craindre, mais que voulez-vous ?

Partout, dans ces environs, on ne voit que des tombes et des croix blanches dont le reflet au clair de la lune vous saisit au cœur.

Les Prussiens ont énormément souffert dans cette journée par le fait des mitrailleuses et de l'arme blanche et à trois heures, sans le manque de munitions françaises, ils étaient repoussés partout. Il n'en manquait pourtant pas à Metz, mais on ne voulait en délivrer que contre les ordres des chefs supérieurs et ces ordres on ne pouvait les obtenir. On dit partout dans ces parages que la défaite a été incompréhensible.

Gravelotte étant une immense ambulance n'a pas éprouvé de dégâts matériels bien considérables, mais d'un autre côté, presque tous les blessés de cette journée ont succombé et reposent dans deux cimetières spéciaux sur la route, et ce qui est énorme, il y a eu 90 décès depuis la bataille parmi cette population, soit environ un sixième!

Il paraît que les Prussiens n'ont pas de loi Grammont, car j'ai été témoin d'une correction extraordinaire donnée par un Prussien à son cheval qu'il avait lié fortement. Les coups étaient tellement drus et forts qu'ils indignaient jusqu'aux enfants. Un petit gamin de cinq ans criait : « A bas les Prussiens. »

Pampelume et le Point-du-Jour, fermes au-delà de Saint-Hubert, sont tout à fait détruites ; il n'en reste plus pierre sur pierre. Depuis cette journée funeste, tout est en souffrance dans le pays, mais ce qui cause le plus de mal en ce moment, c'est au dire des habitants qu'on les ait annexés à la Prusse.

A cinq ou six kilomètres de Gravelotte se trouve Jouy, remarquable par les ruines d'un aqueduc romain, qui a fait donner à la commune la dénomination de Jouy-aux-Arches. On rapporte que, sous ces arches, le prince Frédéric-Charles a fait de nombreuses promenades et souvent avec la fille du premier magistrat. Je n'ai pas à en dire davantage, mais on dit que la population de Jouy n'en a pas été diminuée.

Près Gravelotte, 30 juin 1871.

II.

Physionomie de Paris.

Un mois environ nous sépare de ces journées à jamais néfastes dans l'histoire, et c'est encore un spectacle navrant que ces ruines amoncelées dans un grand nombre de quartiers de la capitale.

Les plus grands désastres sont aux Tuileries, à l'Hôtel-deVille, à la Préfecture de police, à la Bastille, au Château-d'Eau, etc. La circulation est interdite aux abords de l'Hôtel-de-Ville. Des soldats sont campés un peu partout : aux Tuileries, au Palais-Royal, au Luxembourg, dans les gares, etc.

De temps en temps, lorsqu'on s'y

attend le moins, on voit sortir mystérieusement de dessous les fermetures Maillard aux maisons particulières inhabitées des militaires de divers corps et ces maisons sont assez nombreuses.

Les chevaux piaffent dans les cours du Palais-Royal, des Tuileries, etc., où le fumier est amoncelé et où la cuisine militaire se fait en plein vent. Quelle métamorphose !

La colonne Vendôme en tombant a défoncé la terre qu'on a remise à peu près en place, et il ne reste que le socle sur lequel flotte à cinq ou six mètres de hauteur le drapeau tricolore remplaçant le drapeau rouge.

L'obélisque de Louqsor, qui reste debout, n'a que quelques égratignures résultant de la lutte et semble narguer sa voisine ; son origine a pu la sauver.

La colonne de Juillet, que l'on n'a pas songé sérieusement à démolir, à cause de l'idée de Liberté qu'elle représente, a reçu dans la lutte une vingtaine de boulets ou d'obus bien marquants, mais qui n'ont pu l'ébranler.

En se promenant sur les boulevards de Paris, on remarque que presque tous les flâneurs sont des provinciaux venus pour se rendre compte de la situation de la ville ou pour chercher du travail qu'on trouve dans bien des branches d'industrie.

J'ai pu aussi constater la présence d'Anglais, en voyant des *cabs*, ces véhicules inventés par l'Albion, afin que les supérieurs ne voient plus le postérieur de leurs inférieurs.

On entend un peu parler anglais, mais les Allemands qui s'y trouvent ont soin de parler français, et ce n'est que leur accent qui les trahit.

Du côté de Saint-Denis, Nogent-sur-Marne, etc., on voit encore partout les uniformes prussiens. L'Emprunt les chassera-t-il bientôt? Il faut l'espérer.

Du reste, dans Paris même, on ne remarque que l'uniforme français.

Les affiches de candidats à l'Assemblée nationale pour l'élection du 2 juillet commencent à couvrir les murailles. Je n'en ai vu qu'une d'un candidat se disant monarchique. (Aura-t-il beaucoup de voix ?) C'est très douteux. Tous les autres se disent républicains.

La profession de foi d'un monsieur de Beaudemoulin est curieuse. Ce candidat dit que non-seulement il veut, mais qu'il peut :

Sauver la France sans emprunt, sans assignats, sans perturbation,

Rétablir les transactions,

Reconstruire les monuments détruits,

Payer toutes les dettes,

Abaisser les Prussiens,

Donner l'impulsion à l'agriculture et au commerce,

Eteindre la dette prussienne,

Si on le nomme député ! M. Gagne est dépassé.

Parisiens, ne manquez pas le coup !

Les omnibus circulent maintenant à peu près sur toutes les lignes et j'ai constaté une petite innovation : les gamins présentent aux voyageurs de l'impériale les journaux au bout d'une perche où se trouve en même temps un petit pot en fer blanc pour acquitter le prix du journal.

Sur la place de la Concorde, la statue de Lille est presque détruite et celle de Bordeaux a beaucoup souffert (ironie du sort.) Strasbourg reste debout avec force couronnes d'immortelles et l'inscription : Vivre libre ou mourir ; vive la République.

Un peu plus loin, le palais de l'Industrie a éprouvé de grands dégâts, il sert en ce moment non-seulement de caserne, mais de bureau pour les emprunts, et l'on peut dire que l'argent ne manque pas en France, en voyant une masse de gens aller verser leurs fonds et se préparer pour la grande opération des deux milliards.

Bref, on peut espérer malgré tout que si la France a énormément souffert, avec du courage, elle se relèvera.

Paris, vis-à-vis la gare de Lyon, 22 juin 1871.

III.

Belfort.

Belfort, ou comme on dit dans le pays, Béfort, ville héroïque, à jamais célèbre par le siége qu'elle vient de soutenir contre les Allemands.

Le rail-way, qui y conduit de Besançon passant à Montbéliard et qui n'a qu'une voie, longe assez longtemps le Doubs et se trouve encadré entre des montagnes où l'on remarque les sites les plus pittoresques ; d'un côté, des bois et de l'autre des vignes luxuriantes. Le paysage est magnifique.

Mais à peine aperçoit-on au lointain le château ou forteresse de Belfort, qu'on a le cœur navré, car on voit immédiatement des ruines; c'est d'abord Danjoutin, petit village en avant de la ville, sur la Savoureuse, rivière qui arrose également la vaillante cité, lequel village occupé par les Français jusqu'au 8 janvier, a souffert considérablement, puis les faubourgs Montbéliard et de France, ainsi que du Fourneau presque détruits ; aux abords de la gare, les dégâts sont moins importants. Enfin, lorsque l'on entre dans la ville, quoique six mois se soient écoulés depuis le bombardement, ce n'est encore partout que des amas de matériaux, des décombres, des maisons inhabitées et d'autres en construction, etc.

On avait lancé contre la ville des projectiles en quantité énorme et d'un poids tellement considérable que j'ai vu un éclat, assez fort, il est vrai, qui pesait près de 50 kilos. Le fait est, d'abord, qu'il était très difficile de le bouger, et ensuite que les Prussiens en ont lancé pesant 78 k. pour démonter la pièce de 24 rayée, célèbre à Belfort sous le nom de Catherine.

La place, investie le 4 novembre 1870, fut rendue, après l'armistice, sans capitulation, le 18 février 1871. Le siége avait duré 104 jours et le bombardement 73 jours.

Il n'y avait pas une maison de la ville qui n'ait plus ou moins souffert; presque toutes les toitures furent démolies et les murs ébréchés.

Le dommage est évalué à plus de 4 millions; c'est beaucoup pour une aussi petite ville; à l'église il y aura pour plusieurs centaines de mille francs de réparations.

Deux cents pièces ont été mises en batterie contre la forteresse et ont envoyé 410,000 projectiles (Strasbourg n'en avait reçu que 194,000).

Après avoir pris possession de la place, les Allemands ont recueilli les éclats de projectiles; il y avait 10 millions de kilogrammes de fonte qu'ils ont vendus.

La garnison de Belfort, qui était de 17,600 hommes y compris les mobiles et la garde nationale, a perdu 5,100 hommes, morts, prisonniers ou blessés. Les Allemands ont eu 4,000 hommes tués et 8 à 10,000 blessés.

Enfin, en vertu d'une convention entre Denfert, commandant de Belfort, qui avait reçu du gouvernement français ordre de la consentir, et De Treskow, commandant en chef de l'armée assiégeante, la garnison quitta la place avec armes et bagages, le 18 février, pour se rendre à Grenoble.

Le traité de Francfort laisse Belfort à la France avec un rayon suffisamment étendu pour relier la forteresse aux Vosges. C'est heureux que la France ait conservé cette position.

Le château est très élevé; il domine entièrement le pays, et quoique nous soyons au mois de juin, l'air y est très vif.

Les forts qui l'avoisinent, les hautes et les basses Perches, la Justice, les Barres, Bellevue ainsi que la Miotte ont contribué fortement à la défense, quoique les Perches aient été abandonnées vers la fin du bombardement.

Le colonel Denfert-Rochereau qui commandait en chef et qui s'est conduit admirablement pendant les quatre mois du siége, est en ce moment candidat à l'Assemblée nationale. (Il a été élu le 2 juillet.) C'est un républicain sincère qui pourra dignement siéger à côté de Faidherbe.

Si Metz et Paris avaient eu des chefs de cette trempe, il est certain que nous n'en serions pas réduits à notre malheureuse position.

Belfort appartient encore à la France, mais subit comme bien d'autres villes l'occupation prussienne; aussi c'est avec grand'peine qu'on trouve à y loger, toutes les maisons habitables et les hôtels étant remplis de militaires allemands. Il y en a en ce moment de 5 à 6,000 pour une population de 8,000 habitants.

Bref, j'ai manqué le train pour me rendre à Mulhouse, à cause de la différence des heures à la station; il y a une avance de 25 minutes d'après l'heure de Cologne, si bien que dans la ville il est 8 heures, tandis qu'il est 8 heures 25 au chemin de fer.

Je suis resté pour revoir les abords de la gare où des ouvrages avancés furent construits, et au train suivant je suis parti pour Mulhouse et j'ai constaté qu'on est encore en France jusqu'à la station de Montreux-Vieux où les inscriptions sont en allemand, de sorte qu'on y lit : *Für Damen*, *Für Herrn.*

Près Belfort, 27 juin 1871.

IV.

Versailles.

Cette ville n'a pas été le théâtre d'événements militaires, mais elle a acquis depuis la guerre une importance extraordinaire et si elle n'a pas retrouvé la splendeur qu'elle avait sous le Roi-Soleil, elle est en ce moment, en quelque sorte, la principale cité de la France.

En arrivant sur la place du Château, après avoir examiné la statue de Hoche qu'entoure un assez joli square, on éprouve un grand serrement de cœur, en voyant cette multitude de canons (près de mille et il y en a eu bien plus), de toutes formes et de tous calibres, anciens, modernes, mitrailleuses françaises, américaines blindées et autres , — et l'on disait que nous manquions d'artillerie ! Le tout placé en avant de ce palais — *dédié à toutes les gloires de la France* — et qui après avoir été habité par les rois, est actuellement le siége du gouvernement français.

La statue de Louis XIV, placée au milieu de la cour ; celles de nos grands hommes, tels que Bayard, Duguesclin , Lannes, Desaix, Masséna, etc., etc., rappelant notre antique grandeur auront sans doute suggéré au roi Guillaume, pendant son séjour dans cette magnifique résidence, des réflexions de diverses natures sur les vicissitudes humaines.

L'herbe pousse un peu dans la cour et l'on remarque que les arbustes n'ont pas encore été taillés ; mais si l'on avait dépensé seulement la centième partie des frais de la guerre à entretenir cette habitation, on aurait eu quelque chose de tellement beau, que je ne doute pas que s'il eût été possible à l'empereur d'Allemagne de transporter ce palais près de Berlin, il eût accordé un milliard de rabais sur le chiffre de l'indemnité de guerre.

Du reste, les environs sont aussi superbes ; le palais du grand Trianon, bel édifice moderne où sont remisées les voitures historiques et bien d'autres choses ; le petit Trianon servant de logement au président de l'Assemblée nationale et comme souvenirs historiques la laiterie et les châlets de Marie-Antoinette, la tour de Malborough, etc.

Mais ce qui domine partout en ce moment, ce sont les tentes des militaires français qui campent autour de Versailles ; on en voit de tous côtés. Près de la pièce d'eau faisant face au château de Versailles, il y a une très grande animation ; c'est un régiment qui lève le camp et qui se dispose à partir pour l'Afrique. « Nous n'en finirons donc jamais, me dit un militaire ; après avoir été fait prisonnier à Metz, je m'échappe ; je fais ensuite partie de l'armée de la Loire et de l'Est et j'entre ensuite en Suisse ; je reviens à Paris encore exposer ma vie et cela n'est pas plutôt terminé qu'il nous faut aller combattre les Bédouins, d'où nous ne reviendrons que quand nous aurons eu de l'Afrique assez. »

La ville de Versailles, triste en d'autres temps, est aujourd'hui très animée, tant à cause du séjour de nos représentants, des ministres, etc., qu'à cause du grand nombre de troupes qui s'y trouvent réunies; partout on voit des militaires et de tous les uniformes connus. Heureusement, on n'y voit pas de Prussiens.

Les séances de l'Assemblée nationale ont lieu dans la salle de l'ancien théâtre, qui est très belle, quoique les dorures n'aient plus leur première fraîcheur.

La clarté vient de la toiture que l'on a disposée à cet effet ; c'est une double couverture en verre. Dans le commencement, les séances, quoique dans le jour, avaient lieu à la clarté du gaz, ce qui donnait à l'Assemblée un aspect plus grave.

Le commun des mortels entre dans la salle en traversant la cour du Maroc, rue des Réservoirs, cette rue célèbre à cause des réunions des députés de la droite, dits députés monarchistes auxquels il serait bon d'apprendre la conversion à gauche.

Il y a dans les couloirs et dans les antichambres une foule compacte qui cherche à entrer dans la salle et à voir les députés.

Pourtant, la séance à laquelle j'ai assisté n'était pas bien intéressante, ce qui fait supposer une cohue extraordinaire aux jours de grande représentation, c'est-à-dire lorsqu'on attend des discours de MM. Thiers, Gambetta ou autres grands orateurs.

Il est à remarquer que beaucoup de nos députés sont chauves et que le plus grand nombre de chauves est à droite. Ils en sont sans doute plus vénérables, mais pourtant les lois qu'ils nous font ne laissent-elles pas quelquefois à désirer ?

En parcourant la ville, on voit que si la guerre a été extraordinairement onéreuse pour la France, il n'en a pas été de même pour Versailles, car pendant les premiers jours de l'arrivée des Prussiens, les habitants ont bien souffert un peu, mais aussitôt le quartier général établi et le roi de Prusse installé au Palais, il n'y a plus eu que des profits pour eux, tandis qu'à cause de la présence de ces hôtes importants, il n'y a eu que très peu de dégâts aussi bien dans la ville qu'au château de Versailles. Malheureusement, il n'en a pas été de même partout.

Versailles, 24 juin 1871.

V.

Strasbourg.

Strasbourg ! Combien ce nom réveille en nous de sentiments patriotiques ! Que de pensées généreuses et d'élans sublimes ne fait-il pas jaillir !

Il faudrait avoir vu cette grande ville à la suite du bombardement de septembre dernier pour avoir une idée exacte des dégâts, mais l'aspect actuel suffit pour la classer, dans les fastes de l'histoire, parmi les cités qui se sont illustrées à tout jamais par leur héroïque défense.

En effet, si les destinées de cette malheureuse ville éminemment française n'ont pas été aussi heureuses que celles de Belfort, puisqu'elle subit en ce moment le joug pesant de la Prusse, elle n'en a pas moins bien mérité de la patrie française.

Les conversations que l'on entend à présent à Strasbourg ont lieu le plus souvent en allemand et l'on cherche à y généraliser l'usage de cette langue, mais pourtant on y parle français et l'on ne dit pas tout ce que l'on pense.

J'ai vu incrusté dans la muraille du château qui était dénommé sous l'Empire : Palais impérial « à bas les Prussiens barbares et anti-progressifs. » Si les vainqueurs de la France ont vu cette inscription, ils ne l'ont pas encore fait effacer.

Il est impossible de parcourir, même encore à présent, une seule rue, sans y constater des dégâts plus ou moins importants ; mais on a le cœur navré en visitant encore aujourd'hui le temple neuf, entièrement détruit, la bibliothèque dans laquelle il y avait, ainsi qu'on l'a dit et répété à satiété, des richesses immenses de l'esprit humain, richesses qu'il est impossible de retrouver ; ce sont des pertes irréparables, et une nation peut-elle se dire civilisée, alors qu'elle continue à amener de pareilles destructions?

Je ne parlerai pas du théâtre qui n'a plus que les trois quarts des murailles extérieures debout, ni du palais de justice, ni de l'école d'artillerie, ni de l'état-major de la place Kléber, ni de la gare du chemin de fer de l'Est ; tout est détruit, complètement détruit.

L'hôtel-de-ville et la place du Broglie ont besoin de réparations extraordinaires que l'on pourrait appeler des reconstructions.

Je demandais à des commerçants ce qu'ils en pensaient : — on ne dit rien, on tâche de faire contre mauvaise fortune bon cœur, mais on est toujours triste et l'on croit qu'il est impossible que l'état actuel des choses ne se modifie point.

Il y a des établissements où l'on a incrusté « dans la muraille » comme souvenirs les éclats des bombes ayant éclaté dans la maison.

La ville renferme dans son sein les statues de Kléber, de Guttenberg, un monument à Desaix, pour sa belle défense de Kehl, en 1800, etc. Les souvenirs ne manquent pas, aussi le courage ne fait pas défaut.

J'ai remarqué que les murailles du côté de la citadelle sont très peu détériorées et que si l'on a tiré de ce côté, là n'était pas l'objectif, car les dégâts sont plutôt du côté des établissements publics et des maisons particulières. C'est un système de guerre nouveau !

Le pont du chemin de fer de Kehl, sur le Rhin, à côté du pont de bateaux, a été détruit sur un quart environ de sa longueur ; on y passe maintenant, la restauration des dégâts étant faite provisoirement avec du bois.

La station de Kehl est détruite, ainsi que beaucoup d'autres bâtiments voisins qu'on restaure en ce moment.

Du reste, à l'entrée de cette ville badoise, il y a des dégâts, mais ils ne s'étendent pas bien loin, les Français ne tirant que sur les batteries allemandes et ne cherchant pas à détruire les propriétés particulières.

La cathédrale de Strasbourg, ce

monument religieux unique, d'une solidité extraordinaire ne paraît pas avoir trop souffert à l'extérieur, mais pourtant les restaurations seront très coûteuses, car elle est tellement élevée qu'après avoir monté 332 marches, on n'est encore qu'à la terrasse où l'on remarque l'horloge, en bas du clocher qui est d'une très grande élévation et qu'on ne peut monter sans beaucoup de courage.

L'intérieur a souffert, particulièrement les vitraux et les orgues sur lesquelles a éclaté un obus. Le plafond est rempli de trous.

La belle horloge astronomique qu'on admire dans la cathédrale n'a presque pas de dégâts et l'on peut encore voir les petites statuettes défiler aux heures et aux demies.

Mais ce qui contrarie le plus, c'est de voir flotter en haut du clocher le drapeau prussien.

De tous côtés, on voit des guérites aux couleurs de la Prusse. Des soldats font l'exercice, sans que personne ne s'occupe d'eux.

En me rendant de Strasbourg à Nancy, je me trouvais dans un wagon avec plus de vingt émigrants alsaciens qui allaient résider à Paris. « Le train en était rempli. » Il paraît que c'est la même chose tous les jours. Attendons donc patiemment les événements ultérieurs et espérons toujours.

Strasbourg, 28 juin 1871.

VI.

Metz.

En approchant de cette ville hier encore française et aujourd'hui malgré la domination prussienne toujours française de cœur, on ne peut s'empêcher de faire d'amères réflexions.

En effet, on aperçoit autour de la ville ces monts élevés au sommet desquels on a construit des forteresses inexpugnables, surtout le fort Saint-Quentin dominant tout le pays, puis ces importantes et redoutables fortifications qui en font une ville imprenable et l'on se demande comment il a pu se faire qu'un général français disposant de 150 à 180,000 hommes, l'élite de notre vaillante armée, ait été réduit à rendre cette cité jusqu'ici vierge de toute souillure étrangère.

Ah ! certes, si la question politique n'avait pas primé la question militaire, jamais Bazaine n'eût rendu Metz!

C'est l'opinion générale dans cette ville et dans les environs.

En quittant la gare, on entre à Metz par la porte Serpenoise, après avoir vu beaucoup de factionnaires prussiens sous les armes.

Cette porte détruite en 1561 a été rétablie en 1851, telle qu'elle est aujourd'hui. On y voit une inscription rappelant que la ville ayant été surprise par l'ennemi en 1473 fut sauvée par le boulanger Hazell ; puis qu'en 1552, l'empereur Charles V y fut repoussé par le duc de Guise.

Je ne sais si Bazaine a traversé souvent la place de l'Hôtel-de-Ville, mais ne s'y fût-il rendu qu'une seule fois, il aurait dû, en voyant la statue de Fabert, élevée sur cette place, méditer l'inscription suivante qu'on y lit et qui semble y avoir été placée tout exprès pour lui :

« Si pour empêcher qu'une place

que le roi m'a confiée ne tombât au pouvoir de l'ennemi, il fallait mettre à la brêche, ma personne, ma famille et tout mon bien, je ne balancerais pas un moment à le faire. »

Dans le cas peu probable où plus tard on élèverait une statue à Bazaine, on se gardera bien d'y graver cette inscription.

La musique prussienne se fait assez souvent entendre devant l'Hôtel-de-Ville où l'on voit plusieurs factionnaires. Je fus bien étonné en passant devant l'un d'eux de le voir me porter les armes. Je m'en extasiais, tout en ne sachant qu'en penser, lorsqu'en me retournant, je vis derrière moi un officier de l'intendance allemande, ce qui me donna l'explication du fait qui me surprenait d'autant plus que je n'ai jamais eu beaucoup de sympathie pour ces militaires.

Les promenades sur l'esplanade sont magnifiques ; on y remarque un beau jet d'eau à l'entrée, près la statue du maréchal Ney. Les pelouses sont superbes et il y a des fleurs rares, mais aussi on y rencontre une masse de Prussiens, ce qui n'est pas aussi rare.

La statue du maréchal Ney ne porte pour inscription que son nom ; il est représenté avec un fusil à pierre, prêt à faire feu. Et dire qu'en 1806, on a brossé les Prussiens avec ces fusils-là, tandis qu'avec nos chassepots, on n'a fait merveille... qu'à Rome.

Presque tous les jours ont lieu en ce moment des ventes publiques de chevaux de réforme qu'on fait trotter entre deux barrières en cordes. Les enchères ont lieu en allemand et le préposé à la vente est monté sur un chariot disposé en forme de tente ; pour adjuger, il frappe avec un marteau sur le chariot. On dit que les prix sont peu élevés ; nos Allemands sont pressés de réaliser.

On a aussi vendu depuis peu 5,000 quintaux de lard ou porc salé. On en a retrouvé partout dans les magasins publics et particuliers des quantités considérables ainsi que des masses de blé et Bazaine faisait manger à ses soldats de la viande de cheval sans sel !...

Il est vrai de dire qu'au château de Bau-Saint-Martin, où logeait le commandant en chef, il ne manquait rien.

On dit dans le pays que les premières entrevues entre Bazaine et le prince Frédéric-Charles ont eu lieu à Ars et qu'un mois avant la capitulation, tout était arrangé entre eux.

Les conventions de la capitulation de Metz ont été signées au château de Frescoty, sur le côté de la route de Metz à Jouy-aux-Arches ; c'est une construction moderne assez jolie.

Les habitants de Metz et des environs sont presque tous Prussiens malgré eux et dans la ville on ne voit partout que des pancartes indiquant : *Fonds à céder*. Aussi, on rencontre beaucoup de voitures de déménagements en parcourant les campagnes environnantes.

Avant le blocus de Metz, le génie français avait fait démolir les constructions qui se trouvaient dans la zône militaire et comme la ville ne fut pas assiégée, on entend partout des plaintes à ce sujet et toutes les malédictions sont pour Bazaine que pour un temps nous pensions devoir être notre sauveur ainsi que Trochu plus tard.

En tous cas, nos vainqueurs auront bien du mal à prussianiser les Messins et involontairement on se souvient des villes de la Péninsule italienne, Milan, Venise, etc., qui ont bien aussi subi le joug étranger auquel jamais elles n'ont pu s'habituer et qui ont fini par redevenir italiennes.

Metz, 29 juin 1871.

— —

VII.

Borny ; environs de Metz ; carrières de Jaumont.

Les plus graves événements militaires de la première période de la guerre ayant eu lieu dans les environs de Metz, j'ai visité une grande partie des alentours de cette ville.

La première bataille qui fut livrée autour de Metz fut celle de Borny, le 14 août.

Il paraît que, dans un conseil de guerre tenu le 13, il avait été décidé que l'empereur partirait le lendemain, pendant que l'armée de Bazaine se retirerait sur Châlons pour opérer sa jonction avec Mac-Mahon.

Il était environ une heure après midi, le 14 août, lorsque Bazaine ordonna la retraite par la route de Verdun et jusqu'alors, il n'y avait eu que quelques escarmouches. A deux heures après midi, la bataille s'engagea et fut terrible.

A sept heures, les Prussiens faisaient un mouvement de retraite ; le fort de Queuleu, avec ses puissantes batteries, balayait le flanc des colonnes en marche, pendant que des régiments de cavalerie chargeaient à fond de train sur les ailes. Une mitrailleuse avait été par deux fois enlevée aux Français. Les Français au nombre de 60,000 avaient lutté contre 100,000 Prussiens. Les pertes ont été de 8,000 hommes de notre côté contre plus de 20,000 tués ou blessés parmi les Prussiens.

La bataille de Borny s'étendait entre Bellecroix, Colombey, Grigy et Mercy-le-Haut. Les Prussiens qui étaient d'abord protégés par les bois de Borny en furent délogés. Il est à remarquer que généralement ils cherchaient ces abris.

On rencontre surtout entre Colombey et la ferme de Bellecroix une masse de petites tombes ou tertres élevés de 50 centimètres ; les croix qu'on y a placées ne sont pas blanchies comme celles du côté de Gravelotte.

On remarque au milieu du champ de bataille qui est un plateau étendu et assez uni un grand cimetière autour duquel sont plantés six arbres et qu'entoure une barrière en bois ; il paraît qu'il renferme plus de 1,500 cadavres.

J'ai trouvé non loin de là un petit éclat d'obus ; il n'en reste pas beaucoup, car on a exploré ces endroits en tous sens depuis la bataille. J'avais aussi trouvé sur le champ de bataille de Gravelotte une balle de chassepot, mais comme le petit prince impérial, je n'avais eu rien à craindre, en la ramassant.

De Borny, qui est sur une hauteur à 4 ou 5 kilomètres de Metz, on découvre très bien la ville, ainsi que les forts qui l'environnent.

Le château de Borny, à M. de Lavernette, a quatre étages surmontés d'une terrasse. Napoléon y était descendu.

La commune a peu souffert, sauf

la ferme de Sébastopol, du côté de Colombey ; il n'en a pas été de même de Bellecroix, un peu plus loin où tout est en ruines.

Le château de Colombey, au baron de Tricornot, est entièrement détruit, ainsi que la ferme et les maisons qui composent le hameau, mais cette destruction n'a eu lieu que le 31 août et le 1er septembre, lors d'une espèce de sortie des Français.

Toutes ces contrées sont dans une grande désolation ; pendant le blocus, les habitants des villages environnant Metz s'étaient réfugiés dans cette ville et les travaux d'ensemencement n'ayant pu avoir lieu en automne, on n'a semé plus tard que des avoines et planté des pommes de terre. Seulement, j'avais remarqué partout où je suis allé une grande quantité de sénés très nuisibles à la culture, puisqu'on les extirpe partout et dans les environs de Borny surtout, il s'en trouve une variété de blancs, vulgairement appelés ravelucs et comme je voyais aussi partout des Prussiens, je ne pouvais m'empêcher de faire des rapprochements...

Pendant le blocus, les Allemands étaient campés principalement dans les bois et on dit qu'il y en a eu jusqu'à 300,000 et plus autour de Metz.

Le prince Frédéric-Charles qui, avant d'avoir son quartier-général à Corny avait logé chez M. le curé de Courcelles auquel on avait pris tout ce qu'il avait, a renvoyé plus tard à ce vieux prêtre trois fois ce qu'on lui avait enlevé. On était donc parfois heureux d'être dévalisé par des chefs supérieurs. Il est vrai que ce qu'ils donnaient ne leur coûtait pas cher.

J'ai vu une personne qui avait servi à manger à ce prince ; il paraît qu'il se sert du mouchoir et de la fourchette du père Adam et qu'il prend la viande comme les militaires allemands qui nous ont paru n'avoir pas étudié la civilité au même degré que l'art de tuer leurs semblables.

On a beaucoup parlé de l'affaire des carrières Jaumont qui a été exagérée à dessein afin de nous rendre l'espoir.

Il y a eu pourtant du vrai, car comme on dit toujours, il n'y a pas de fumée sans feu.

Ces carrières dont on a extrait les pierres pour établir les nouveaux forts autour de Metz sont très étendues et se trouvent entourées de bois, à proximité de Saint-Privat-la-Montagne, centre de la bataille du 18 août. Or, il paraît qu'au milieu de cette bataille le maréchal Canrobert engagea avec deux divisions une lutte héroïque contre les Prussiens qui furent écrasés par nos mitrailleuses et que plus de 2000 furent précipités dans ces carrières où ils furent engloutis ; mais les journaux en portèrent le nombre à plus de 40,000 !

Quoi qu'il en soit, ce fut le dernier exploit important et nos troupes se replièrent toutes sous la protection des forts, Bazaine inactif pendant toute la journée dans son château du Ban-Saint-Martin, s'étant borné sur le soir à commander la retraite.

Moulins-les-Metz, 30 juin 1871.

VIII.

Sedan.

A ce nom restera accolé jusqu'à la fin des siècles l'acte le plus honteux des annales du monde.

Napoléon III, pour sauver sa vie, n'a pas craint de livrer à l'ennemi l'armée que la France lui avait remise, pensant que le nom de Napoléon signifiait — talents, — courage, tandis que, porté par celui qui n'était que le neveu de son oncle, il signifiait ineptie, — lâcheté et Sedan est devenu le tombeau de l'Empire. En approchant de cette ville, on ne peut se défendre d'un sentiment de tristesse.

En effet, on voit d'abord les ruines encore fumantes du malheureux village de Bazelles, entièrement détruit par les Bavarois, à cause de la résistance opposée par les habitants dont 70 ont été massacrés, lors de la bataille du 31 août. De 400 maisons, il n'y a eu que les deux châteaux qui ont été préservés de la destruction, ayant servi d'ambulances. On en rétablit une centaine seulement !

Dans les environs se trouvent beaucoup de petits cimetières formés à la suite de la bataille.

En avant de Bazeilles est une filature près de laquelle étaient placées les batteries prussiennes qui vomissaient la mitraille sur Bazeilles, Balan et Sedan.

Balan aussi a été criblé de projectiles.

La Meuse est très sinueuse dans les environs de Sedan.

La gare contribue aussi à assombrir les idées ; elle est provisoire, sans doute, mais quoique n'ayant que peu souffert des opérations militaires, elle se trouve dans un état de délabrement qui fait mal à voir. Toutes les habitations qui l'avoisinent sont en planches, à cause de leur position dans la zone militaire.

Beaucoup de monuments funèbres qui sont à l'entrée de Sedan, ainsi que quelques maisons détruites donnent un aspect lugubre qui ne fait que s'accroître par la vue incessante des uniformes prussiens dont la ville regorge.

On a beau voir sur la place Turenne la statue de ce grand capitaine qui, lui, ne se fût pas rendu, cela ne fait pas compensation.

On vous montre l'hôtel de la Croix-d'Or où a été arboré le drapeau parlementaire.

On voit encore sur quelques établissements dans la ville les traces du bombardement qui n'a duré qu'une heure, mais c'est peu de chose ; une maison a été brûlée.

Au moment où l'empereur mangeait à la Sous-Préfecture, une bombe a éclaté au coin de la place Turenne et a failli renverser un mur.

La Sous-Préfecture est une construction neuve en pierres jaunes que l'on extrait dans les environs. Beaucoup d'édifices sont construits avec ces pierres jaunâtres.

La citadelle, qui est derrière la ville, n'est pas bien importante et n'aurait pas offert une grande résistance, si le système des Prussiens eût été de prendre les villes d'assaut, ce qu'ils ne faisaient pas, préférant partout détruire les propriétés privées, sans s'attaquer aux murailles ni aux citadelles et amener par là les capitulations.

Il y a au faubourg de la Cassine une caserne casematée qui n'a eu aucune utilité non plus.

On entre à Sedan par cinq portes dont la plus belle est celle de Paris ; celles du Mesnil et de la Cassine sont pourtant assez bien.

Il n'y a pas dans la ville de monuments bien remarquables.

Les habitants ont été sans doute bien occupés jusqu'ici puisqu'ils n'ont pas encore eu le temps d'effacer le nom de *Avenue impériale,* — à moins que ce nom ne leur convienne. Cette avenue conduit à la Sous-Préfecture dans les environs de laquelle on voit une grande caserne.

Les manufactures de drap qui sont très considérables sont en partie dans l'intérieur de la ville, à l'entrée de laquelle se trouve du côté du chemin de fer un canal qui est à sec et qui sert pour les crûes d'eau extraordinaires ; on le traverse sur un pont d'une grande longueur.

En avant de ce canal, il y a beaucoup de fosses remplies de chevaux tués à la bataille.

L'affiche suivante qu'on lisait partout à Sedan, rendait un peu d'espoir pour l'avenir : « L'emprunt étant couvert, la souscription est close ; dépêche ministérielle du 28 juin, 8 heures du matin. Le maire, signé : Philippoteaux. » On sait qu'il a été souscrit cinq milliards pour l'emprunt qui n'était que de deux milliards.

Torcy, qui a été annexé à Sedan en 1845, a une belle église dont le clocher très élevé, tout en pierres jaunes, fait un bel effet.

C'est en avant des hauteurs boisées qui avoisinent Sedan qu'ont eu lieu les batailles du 31 août et 1er septembre.

A deux kilomètres de Sedan, sur la route de Charleville, on voit le château de Bellevue où Napoléon a rendu son épée vierge, le lâche ! Cette habitation est entourée d'arbres.

On voit encore en avant de Donchery, sur un mamelon, les traces d'un camp prussien.

La station de Donchery est assez importante ; presque toute l'armée allemande a passé dans cette localité.

Un peu sur le côté est le château de M. Marius Poret, de Donchery. Ce château, situé sur une montagne assez élevée, a servi d'observatoire au roi Guillaume qui avait aussi toujours soin de rester en arrière et en dehors du danger. Il est vrai que la vie de ces grands monarques destructeurs d'hommes est bien précieuse !

Pendant la bataille du 1er septembre, près de Villers-Semeuse, où est le dépôt de remonte de la cavalerie, une jeune fille a tué trois Prussiens, mais elle a payé de sa vie sa bravoure.

On voit encore à la gare de Mohon, siége d'ateliers importants de réparations, les vestiges de plusieurs combats qui s'y sont livrés.

On remarque une fonderie de cloches et une petite église gentille, célèbre par son pélerinage de Saint Liez où l'on conduit à Pâques et à la Pentecôte les enfants bancals des environs.

Le pont qui a sauté a englouti trois wagons, trois tenders et une grande quantité de Prussiens. Que n'étaient-ils tous là !

Sedan. 1er juillet 1871.

IX.

Péronne.

Il y a un an, on était au lendemain de la bataille de Bapaume qui a été pour l'armée du Nord une victoire assez importante.

La ville de Péronne, investie depuis le 27 décembre et dont le bombardement avait commencé le 28 avec une violence extrême, résistait toujours et ne se rendait que le 10 janvier.

Hier avait lieu à Bapaume une cérémonie pour célébrer l'anniversaire de la bataille et pour bénir le monument élevé en l'honneur de nos vaillants soldats morts pour la défense de la patrie dans cette journée mémorable.

Aujourd'hui jeudi a lieu à Péronne la cérémonie commémorative du siége.

La pluie, qui n'a cessé de tomber depuis le matin, a empêché beaucoup de personnes de s'y rendre ; cependant, l'église où a été célébré à dix heures et demie un service solennel était encombrée, et il y avait même au dehors une foule considérable. Un peloton de militaires en armes formait la haie au milieu de l'église qui était tendue de draperies noires et blanches, semées de larmes et de plus ornée de drapeaux tricolores surmontés de crêpes.

Après la messe, l'abbé Mollien, qu'on nous a dit avoir été aumônier de l'armée du Nord, est monté en chaire. Il a parlé du courage et de l'abnégation des habitants de cette cité qui ont supporté les terribles conséquences du siége, fait non pas contre les fortifications de la ville ni contre les militaires qui la défendaient, mais contre les monuments publics et les habitations particulières, et tout en restant dans les généralités et dans les convenances, il a flétri, comme ils le méritaient, ces vainqueurs qui ont mis de côté l'honneur militaire et n'ont droit qu'à la honte et au mépris des nations civilisées !

M. Poitevin, qui commandait la compagnie de marins, pendant le siége, n'est arrivé à Péronne que l'après-midi.

La journée s'est terminée par un dîner officiel offert à la sous-préfecture aux notabilités du département et avant ce dîner, M. le préfet est allé visiter, sur les lieux, les deux emplacements projetés pour la gare de Péronne.

Il paraît que, pour Flamicourt, un des principaux habitants de la ville, offre la somme nécessaire pour faire faire les travaux extraordinaires, ponts, etc. Ces travaux dussent-ils coûter 100,000 francs.

Celui qui n'a pas vu Péronne depuis la fin de janvier dernier et qui revoit aujourd'hui cette ville est tenté de croire aux fées du bon vieux temps. A peine quelques maisons laissent-elles encore voir des traces du bombardement épouvantable qui en a détruit entièrement près de 80 et endommagé plus de 500, ce qui a causé une perte de plus de 4 millions de francs.

On restaure le palais de justice dont le plancher est démoli et les vitres encore brisées ; mais le plus grand nombre des propriétés particulières sont reconstruites ou réparées en ce moment, et l'année ne se terminera pas sans que tout soit rétabli.

On voit au loin les pierres blanches replacées au clocher de la cathédrale, qui, suivant l'habitude des féroces généraux de l'Attila moderne, ayant servi de premier objectif aux pointeurs allemands, avait été détruit presque entièrement.

Quant aux murailles de la place, comme il a été dit, elles sont intactes, et après en avoir fait le tour, je n'ai constaté qu'un centaine de traces d'obus.

On remarque, dans un encoignure, entre la porte Saint-Nicolas et la porte de Paris, près des fortications, un petit monument élevé par la ville à la mémoire de Delpasse, fusilier marin de Brest, excellent pointeur, qui tomba près de là, frappé par un éclat d'obus. C'est le seul militaire tué pendant le siége.

En ce temps-là, il circulait des bruits de toutes sortes ; ainsi, on disait que les Prussiens ayant voulu monter à l'assaut en traversant la glace, les écluses furent levées pour faire le vide, puis on avait lancé quelques boulets pour briser cette glace, ce qui avait fait périr plusieurs mille Prussiens. Rien n'était vrai ; seulement, le 43e fit une sortie par la porte Saint-Nicolas et se battit au Quinconce, mais sans résultats.

Cependant, les Prussiens ont subi des pertes assez fortes, car ils furent obligés, à plusieurs reprises, de changer leurs batteries.

Les environs de Péronne ont aussi beaucoup souffert pendant le siége. La tour de M. Gonnet, sur la route de Roisel, monument construit à l'instar d'un autre des environs de Solférino a été dévastée, ainsi que la maisonnette de M. Fernet, etc., etc.

Enfin, s'il n'y a eu que peu de pertes dans l'armée, il n'en a pas été de même pour la population civile, car outre quelques personnes tuées, les maladies causées par le séjour dans les caves, les souterrains, etc., où l'air manquait enlevèrent beaucoup de monde, puisque la mortalité fut, pendant plusieurs mois, huit fois plus forte qu'en temps ordinaire.

Espérons que, plus jamais, de pareils désastres ne se verront !

Péronne, 4 janvier 1872.

X

Thionville.

En arrivant à la station de Thionville qui n'est pas importante, quoiqu'assez gentille, on remarque des guirlandes un peu fanées faisant supposer qu'il y avait eu une fête. Il paraît qu'elles avaient été placées lors du passage de Von Gœben retournant en Prusse en quittant nos parages.

On a coupé les arbres autour de la ville.

La Moselle est très large en cet endroit.

Les deux tours et le clocher, assez élevé, de l'hôtel-de-ville ont souffert beaucoup; l'horloge a disparu, mais le coq est resté... prussien.

L'église, qui est dans un renfoncement près des remparts, a également souffert, ainsi que les deux tourelles en avant ; l'intérieur est fort délabré; les sculptures antiques en bois, ainsi que le Chemin de la Croix sont très endommagés ; il y pleut maintenant, la toiture étant presque détruite.

On voit que ces monuments servaient de point de mire.

En revanche, on ne constate qu'une douzaine de traces de boulets aux murailles.

Le bombardement eut lieu en novembre, la ville ayant été cernée pendant près de trois mois.

Ce fut le 24 novembre, après de vigoureuses sorties que Thionville capitula, après avoir supporté pendant trois jours un bombardement auquel l'ennemi n'avait pas voulu que les femmes et les enfants pussent se soustraire.

Les assiégeants lançaient dans cette ville 18 obus par minute.

La place n'a répondu que le premier jour pendant lequel elle a démonté des pièces ennemies ; mais malheureusement les munitions ont manqué. A chaque instant l'incendie s'allumait et l'on n'était pas en sûreté dans les caves.

La rue Neuve est entièrement détruite; on la reconstruit, de sorte qu'elle sera encore rue Neuve; tel est le sort des places de guerre !

Dans la rue du Four Banal il y a des dégâts partout, ainsi que dans la rue de l'Hôpital, dont un côté est entièrement à refaire.

La Place aux Bois et la rue du Vieil Arsenal, ainsi que la rue Brûlée sont aussi presque détruites et, comme en général, toutes les rues sont étroites, on ne pouvait plus y passer à la suite du bombardement.

Les dégâts sont immenses; aussi, lors du passage de Von Gœben qui vient d'avoir lieu, les habitants de cette ville, qui est actuellement prussienne, fermaient leurs portes et leurs volets pour ne pas entendre la musique des vainqueurs contre lesquels on entend partout des récriminations malgré la présence d'un nombre considérable de soldats allemands.

On voit en ce moment beaucoup de prisonniers français rentrant dans leur patrie.

A Thionville comme à Metz, on est resté Français de cœur. On entre dans cette première ville par trois portes : la porte de Metz, celle de Luxembourg et celle de Sarre-Louis. La plus belle rue est celle de Paris.

Il n'y a qu'une série pour le numérotage des maisons ; on ne recommence pas à chaque rue comme dans presque toutes les villes.

J'ai couché au n° 380, rue du *Merch,* près la poste allemande installée dans une maison en ruines, et je dois dire que le directeur allemand de cette poste a été assez raisonnable pour me faire partir ma correspondance, malgré la fermeture du bureau.

On voit avec un grand chagrin que dans les environs, des établissements considérables comme Hayange où se trouvent des forges et des mines de fer occupant plusieurs milliers d'ouvriers..... appartiennent actuellement à la Prusse.

Les environs de Thionville ont beaucoup souffert pendant et avant le bombardement, mais le pensionnat très important des frères ignorantins et sa belle église ont été épargnés.

Les sites des environs sont assez jolis ; espérons que cette partie de la Lorraine nous sera un jour rendue et redeviendra Française !

Thionville, le 1er juillet 1871.

XI.

Mézières.

En me rendant de Charleville à Mézières, j'ai remarqué des gamins faisant avec de la terre glaise des canons et des boulets. Faut-il espérer de la génération future une revanche ?

Quoi qu'il en soit, ce n'est pas sans une tristesse extrême que l'on entre dans Mézières, après avoir traversé un très long pont.

Cette ville, dont autrefois le chevalier sans peur et sans reproche, défendit glorieusement les remparts, Mézières dont les habitants, suivant leurs loyales traditions, croyaient avoir à se défendre contre des ennemis visibles, est à voir plus douloureux que Bazeilles, cette cité froidement détruite le lendemain de la bataille de Sedan, par des soldats ivres de vengeance !

Figurez-vous une carrière abandonnée, une lugubre fondrière : tel est l'aspect qu'offre au visiteur cette pauvre ville qu'on se hâte de fuir en pleurant. Et il y a près de six mois que la destruction est accomplie ! Les maisons, autour de l'église, sont entièrement détruites ; il ne reste que quelques murailles debout ; les casernes sont anéanties.

L'église, belle construction ancienne, a un clocher très élevé qui servait de point de mire aux artilleurs prussiens, si bien qu'elle a subi de grands dégâts, ainsi que toutes les maisons qui l'avoisinent ; on la restaure un peu en ce moment. En revanche, les murailles de la place sont intactes.

Les portes, à jour du côté du faubourg d'Arches, ont disparu ; on commence à rebâtir dans ce faubourg.

Dans la grande Rue, c'est un désastre immense ; il ne reste plus rien d'un côté.

Il y a des constructions provisoires en planches dans lesquelles sont installés des industriels et des commerçants.

La Cour d'assises et la maison de Justice ont peu souffert; les réparations sont presque terminées. Il en est de même de la colonne élevée vis-à-vis l'église à la mémoire du baron de Lascars, préfet des Ardennes, mort en 1835; elle n'a pas souffert non plus, tandis que toutes les constructions d'alentour, y compris l'établissement important des Sœurs, près la porte Saint-Julien, sont entièrement démolies.

Du côté de la rue Jauber et à la place d'Armes où sont des constructions antiques, il y a peu de dégâts; il en est de même pour l'Hôtel-de-Ville, quoiqu'il y ait dans les environs des maisons effondrées.

La porte Noire ou du pont de Pierres est en reconstruction. L'Hôpital est aux deux tiers détruit. La tour renfermait une centaine de personnes.

Le 30 décembre 1870 avaient lieu les préparatifs nocturnes faits par les soldats de la Prusse, en vue de cet acte sauvage qu'on appelle un bombardement.

Le jour même, la ville était avertie qu'incessamment les canons allaient tonner contre elle et le lendemain, à la pointe du jour, l'avertissement reçut son effet.

Pendant trente heures, la pluie des bombes incendiaires, des projectiles explosibles ne cessa pas.

L'objectif de l'artillerie allemande était le centre de cette pauvre cité aux maisons hautes et entassées, dont les sous-sols et les caves étaient remplis d'une multitude de tout âge et de tout sexe. Ces infortunés s'aperçurent bientôt du peu de sécurité que leur offraient ces retraites ; mais pour beaucoup d'entre eux, la fuite fut impossible ; les éboulements et les incendies leur avaient fermé les issues.

Là moururent, du plus affreux des supplices, plus de cent créatures innocentes dont les malédictions ont dû faire tressaillir leurs bourreaux.

Les Prussiens, qui avaient bloqué Mézières depuis longtemps, avaient pris des positions de trois côtés, derrière une petite montagne, derrière le château et à Damouzy. C'est de cette position qu'ils ont fait le plus de mal à Mézières, et c'est aussi de là qu'ils ont tiré sur Charleville, ville ouverte, sept à huit cents obus par l'effet desquels deux personnes furent tuées et quinze blessées.

Les Français avaient dans la place 220 pièces de canon, mais de courte portée et les Prussiens se trouvaient à 4, 5 et même 6 kilomètres, puisqu'une batterie était établie à Saint-Marceau, distant de la ville de six kilomètres.

Le drapeau blanc ayant été arboré, les boulets allemands pleuvaient encore deux heures plus tard sur la ville. Après la capitulation, les assiégeants firent leur entrée, tambours, fifres et musique en tête, jouant les plus beaux airs de leur répertoire, en traversant les ruines fumantes de la cité anéantie.

Il paraît que si le drapeau blanc eût tardé à se montrer, Charleville était brûlée ; sa destruction était résolue à l'avance.

Ah ! Teutons, vous avez gagné des batailles, mais si François Ier disait :

Tout est perdu, fors l'honneur, vous pouvez dire : Tout est gagné, fors l'honneur.

Charleville, 2 juillet 1871.

XII

Bellicourt.

Vendredi 13 janvier, la température était chargée ; il y avait 8 degrés au-dessus de zéro.

On ne voyait plus d'Allemands dans les environs du Catelet.

En revanche, on apercevait quelques soldats français circulant en éclaireurs.

Vers dix heures arrive au Catelet l'avant-garde d'un détachement de 1,000 hommes environ du 3e et du 40e de ligne, et des mobiles des Ardennes venant de Masnières faire une petite excursion.

Cette avant-garde ne fut pas plutôt postée à la carrière qui se trouve en haut de la commune qu'elle fit feu sur une patrouille de Prussiens venant de Saint-Quentin ; l'un de ces Prussiens fut blessé et l'officier qui les commandait expira en retournant à Saint-Quentin dans une voiture réquisitionnée par ses soldats.

Après une collation au Catelet, les troupes en repartirent vers deux heures ; seulement, il resta des militaires qui tenaient à voir des Prussiens. Leur attente ne fut pas longue, car vers quatre heures, trois cavaliers venant de Vendhuille se dirigèrent sur la commune, après s'être fait servir à boire à la maison Petit. C'est à ce moment que les chassepots de nos quatre valeureux champions firent merveille, car deux hommes furent tués et le troisième fait prisonnier ; les trois chevaux retournèrent seuls à Roisel.

Dimanche 15, il y avait 10 degrés de froid.

On craignait au Catelet l'arrivée des Prussiens, car la veille encore, un des leurs, en traversant cette localité avec six autres hulans, avait été tué par un de nos soldats.

Pourtant on n'avait vu ni à Vendhuille ni à Lempire les 1,200 Prussiens qui avaient fait annoncer leur arrivée, venant des environs de Roisel, mais on savait que les Français cantonnés à Masnières et dans les environs, sous le commandement du colonel Isnard, devaient se diriger sur Saint-Quentin, de sorte qu'on s'attendait à une rencontre imminente.

Or, vers onze heures, quelques hulans venant de Vendhuille entrent au Catelet un à un et avec beaucoup de précautions; puis, d'autres les suivent. Il vient également des cavaliers du côté de Bellicourt.

Un officier de lanciers à haute taille parlant français commande à l'hôtel Ponthieu où je me trouvais un déjeuner pour onze officiers et ne donne qu'un quart d'heure pour le préparer ; il recommande de mettre une nappe sur la table.

Pendant ce temps, la municipalité avait été mise en demeure de faire porter à manger et à boire à environ 300 fantassins et cavaliers qui venaient de faire halte au milieu du bourg, et à ceux qui se trouvaient en dehors avec deux pièces de canon.

Tout à coup, un hulan arrive au galop de la route de Cambrai et dit quelques mots au groupe d'officiers qui étaient en avant du détachement; alors, les rangs sont reformés et les Prussiens vont au haut du Catelet rejoindre leurs canons. La colonne Isnard avançait et avait déjà échangé une fusillade avec les éclaireurs prussiens dans les environs de la pannerie de Gouy.

C'est en ce moment que les Prussiens tirèrent au-dessus du Catelet quatorze coups de canon sur les Français qui arrivaient en nombre, du côté de la pannerie et du moulin de M. Lemaire; puis ils abandonnèrent leur position pour se retirer sur Bellicourt qu'ils traversèrent et allèrent placer leurs deux pièces d'artillerie à Riqueval, près du jardin de M. Féra, du côté de Nauroy.

Les Français, zouaves du Nord en tête, se précipitèrent à leur poursuite et placèrent deux pièces de canon, l'une près de la maison de M. Caremelle et l'autre à sa briqueterie.

Ce fut vers deux heures que le bruit du canon commença à se faire entendre, ainsi que les feux de peloton qu'on distinguait parfaitement du Catelet. A quatre heures, une pièce prussienne ayant été démontée, les ennemis battirent en retraite sur Saint-Quentin.

Le grand nombre de coups de canon et de coups de fusils tirés auraient fait supposer de grandes pertes de part et d'autre, mais les Français, qui avaient une belle position à la briqueterie et autour de Bellicourt, n'eurent que cinq ou six blessés, dont un civil de cette commune, père de sept enfants, qui reçut un éclat d'obus au coude, ce qui nécessita l'amputation du bras par le major français.

On assure que les Prussiens ont eu de vingt à trente blessés, dont plusieurs durent mourir de leurs blessures.

Les dégâts matériels n'ont pas été bien importants.

La maison qui a le plus souffert est celle qui se trouve entre le calvaire et la grange de M. Carlier; elle est dans un triste état, ayant été traversée en plusieurs endroits par les boulets et les obus qui ont endommagé une partie des meubles. Heureusement, personne n'a été blessé, quoiqu'une femme et des enfants s'y trouvassent.

La belle grange neuve de M. Carlier a été traversée par un boulet et le pignon a été écorné. Un cheval qui avait eu la cuisse cassée vient de mourir.

La toiture de la maison de M. Caramelle a été percée en plusieurs endroits et beaucoup de faîtières ont été enlevées. Il y avait près de là une pièce française. M. Drubert Virgile a retrouvé un obus qui n'avait pas éclaté; partout, on ramasse des éclats et des balles applaties sur les pierres qui sont à la briqueterie.

Les troupes françaises couchèrent en partie à Bellicourt. Le colonel Isnard, qui logea à l'hôtel Lowasy-Diart, travailla une grande partie de la nuit. Des détachements étaient restés à Estrées et à Nauroy, et ce ne fut que de quatre à cinq heures du matin, après s'être réunies qu'elles partirent pour Saint-Quentin, où l'on vient de nous dire qu'elles sont entrées de neuf à dix heures.

Le combat de Bellicourt, malgré

son peu d'importance, a eu un heureux résultat, puisqu'il a donné à nos ennemis une haute idée de la force des Français, ce qui n'a pas peu contribué à leur faire évacuer Saint-Quentin.

Gouy, le 16 janvier 1871.

XIII.

Beauvois, Vermand et environs

J'aurais bien désiré voir les champs de bataille de Vermand et de Saint-Quentin, aussitôt après les journées des 18 et 19 janvier, mais nos contrées etant envahies elles-mêmes par l'armée allemande qui marchait alors sur Cambrai, il me fut impossible de les visiter. Pendant dix-huit jours , l'encombrement des Prussiens fut tel à Gouy et au Catelet que j'en avais pour ma part journellement de 20 à 30, plus ou moins pillards, à loger, et que, pendant ce temps, je ne pus prendre aucun repos.

Ce n'est qu'hier, 1er mars, que je partis pour Roupy où je fus reçu par M. A. Bacquet, maire de cette commune et industriel à Saint-Quentin. Ce fut chez lui que le 18 janvier dinèrent 15 à 18 officiers de l'état-major de Faidherbe, qui passèrent à Roupy pour se rendre à Essigny, Castres, Seraucourt, etc. C'était le 23e corps qui venait de Bapaume et qui s'était battu depuis le 16, en se rendant à Saint-Quentin dans le but d'attirer une partie de l'armée prussienne qui entourait Paris et de permettre aux Parisiens d'attaquer leurs assaillants.

Il n'y a que peu de Prussiens enterrés à Roupy.

On s'est battu le 19 sur le chemin bordé de pommiers conduisant à Savy, et l'on remarque vers le milieu des fosses où sont enterrés des Allemands, ce qu'indique une inscription en leur langue. Du reste, beaucoup de Prussiens sont enterrés tant sur le terroir qu'au cimetière de Savy.

Il n'y a que quatre jours que l'ambulance prussienne a quitté la commune. L'école et la maison de M. Matton renfermaient un grand nombre de blessés.

La variole règne maintenant à Savy, ainsi qu'à Roupy et dans d'autres communes environnantes. Après la guerre, c'est la peste.

On retrouve encore des fusils dans les bois des environs, et le gouvernement fait acheter les chassepots français à 25 fr. et à 20 fr. les américains. Il paraît qu'à Pœuilly (Somme), où je vais aller, on en a ramassé de deux à trois cents.

La distance qui sépare Savy d'Etreillers est courte. On ne s'est pas battu à cette dernière commune comme à Savy, mais elle a souffert énormément du pillage le 19 et le 20 janvier.

Sur la route de Vaux, on voit encore distinctement les empreintes du passage des troupes.

On a enlevé hier trois notables de Vaux, à cause du refus de faire droit aux réquisitions d'avoine des Prussiens. A quoi sert donc l'armistice? Sommes-nous toujours en guerre? On pourrait le croire. Du reste, on ne voit partout que des Prussiens dans ces parages.

Beauvois a été presque le centre de la bataille du 18 janvier. Trois granges ont été brûlées, ainsi que plusieurs bâtiments ruraux, et huit jours après la bataille, une bombe ayant éclaté a occasionné un nouvel incendie d'une grange.

Tout a été pillé, saccagé à Beauvois ; la gendarmerie, qui n'était plus habitée, a été occupée par de l'artillerie.

Un Allemand (Polonais), blessé, étant resté chez un de ses compatriotes habitant la commune, vient d'être arrêté par les Prussiens, ainsi que le boulanger chez lequel il était, pour ne pas s'être rendu à son corps. On pense qu'il sera puni sévèrement ; leur discipline est si dure ! Un notable a aussi été arrêté.

Dans les bois qui précèdent Caulaincourt, du côté de Trefcon, des engagements sérieux ont eu lieu le 18, et l'avantage est resté aux Français.

Caulaincourt est en ce moment occupé par plus de 300 Prussiens qui viennent d'arriver ; l'ambulance établie au château de M. le duc de Vicence est partie dimanche. Aucun des Prussiens blessés qu'on y a soignés n'est mort.

En haut de Caulaincourt, sur le chemin de Pœuilly, se rtouve le mausolée de la famille de M. le duc; il n'est pas encore terminé; on dit qu'il pourra renfermer les restes de plus de cent personnes.

De Caulaincourt à Pœuilly, on voit partout les empreintes du passage des armées qui se sont battues dans les environs, surtout à la briqueterie située entre les deux communes où le combat a été chaud.

Pœuilly, qui n'a que trois cents et quelques habitants, a beaucoup souffert le 18; quatre maisons et une dizaine de granges ont été brûlées. Le village a été entièrement pillé pendant la bataille, qui a été meurtrière, car on s'y est battu à la baïonnette et les Français ont été pleins d'élan; la perte des Prussiens a été considérable; 30 à 40 seulement sont enterrés sur le terroir; mais un plus grand nombre a été enlevé et beaucoup de blessés ont dû succomber.

La route conduisant à Vermand est encore jonchée de débris de bouteilles, etc. C'est avant de gravir la montagne qu'on remarque des fosses prussiennes, avec inscriptions allemandes ; il y a aussi une croix.

A la jonction des routes de Pœuilly et de Roisel, avant d'arriver aux pépinières de M. Faucheux, de Vermand, on se trouve à l'endroit où a eu lieu le combat du 17 janvier, prélude des affaires plus importantes du 18 et du 19.

Les Français arrivaient de Roisel à Vermand après midi lorsqu'ils aperçurent les ennemis ; aussitôt la fusillade commença et le canon gronda, mais les Prussiens furent repoussés par nos dragons qui les poursuivaient. Plusieurs habitants de Vermand étaient placés sur les anciens remparts pour voir le combat ; c'est alors qu'un cavalier prussien ayant été démonté, Eugène Babeuf, ex-artilleur, courut s'emparer de la carabine du Prussien qui se sauvait, la déchargea sur ledit Prussien et ramena sur Vermand, le cheval que M. le doyen conduisit aux Français.

On remarque encore de tous côtés les ravages de l'artillerie prussienne ; du côté de Marteville surtout, il y a des dégâts, les Prussiens tirant sur la sucrerie de M. Mauduit.

La commune de Vermand a énormément souffert, tant alors que depuis, ayant eu beaucoup de logements à fournir.

La nuit du 17, 33 Prussiens ont couché au Coq-Chantant, chez M. Saudry, dont l'auberge a été pillée, les vaches enlevées, ainsi que toute la volaille et rien n'est resté dans les caves.

Il en a été de même chez beaucoup de débitants. Chez M. Trépant, au café-billard, vis-à-vis l'église dont les provisions étaient considérables, on est parvenu à les épuiser.

Il y a encore en ce moment à Vermand 1,000 fantassins prussiens et 250 cavaliers, ainsi que de l'artillerie. Jugez si l'on y est à son aise. Partout, c'est la désolation.

Cependant les journées du 17 et du 18 avaient été favorables à nos armes, car si nous avions perdu 400 à 500 hommes tués ou blessés, les pertes prussiennes avaient été beaucoup plus considérables.

Nous avions repoussé l'ennemi et conservé nos positions. Que n'en a t-il été de même le 19 ? Ah ! si les Parisiens avaient été bien commandés et avaient fait alors une sortie monstre ?

Vermand, le 2 mars 1871.

XIV.

Environs de Saint-Quentin.

Un mois s'est écoulé depuis les derniers événements militaires de la malheureuse campagne si follement entreprise en juillet dernier par un gouvernement incapable, pour ne pas dire autre chose.

Malgré les efforts héroïques des courageux citoyens qui avaient accepté la tâche ingrate de relever la France de ses ruines, il fallut songer à faire la paix.

La bataille de Saint-Quentin avait terminé la série des combats de notre vaillante armée du Nord, si bien improvisée par le général Faidherbe, secondé par Testelin et les autres membres du Comité de défense. Nous aurions certes gagné cette bataille, sans les renforts extraordinaires qu'a reçus l'armée allemande, car nous avions le dessus jusqu'à trois heures.

Désireux de visiter les endroits où a eu lieu cette sanglante affaire, je suis parti de Saint-Quentin par la route de La Fère.

La Patte-d'Oie étant située dans un fond a souffert beaucoup, mais moins que les établissements placés sur les hauteurs ; les boulets passaient au-dessus. On y remarque pourtant une masse de balles.

L'ambulance étant au château de M. Briquet a épargné bien des dégâts, tant à cette propriété qu'à celles qui l'entourent. Les blessés y étaient soignés par huit à dix personnes, médecins ou autres.

L'action a été chaude à cet endroit ; dans un seul jardin, 35 Français ont trouvé la mort, et l'on en a retiré jusqu'au samedi 21 janvier.

La propriété de M. Guérard, juge à Saint-Quentin, un peu plus loin que la Patte-d'Oie, était occupée par environ 1,900 Français du 75e de ligne et des chasseurs à pied qui s'y étaient embusqués ; ils ont maintenu leurs positions jusqu'à une heure après midi, ayant alors été entourés par 5 à 6,000 Prussiens qui avaient exécuté un mouvement tournant, partant de Montescourt où les avait amenés le chemin de fer qui vomissait pour ainsi dire à chaque instant cette masse de renforts qui décida du sort de la bataille.

Dans cette propriété, les toitures sont découvertes et partout se trouventdes traces de balles et d'obus. Sur la route, plusieurs peupliers ont été coupés par les projectiles.

Mais ce fut dans les environs du Cornet-d'Or que la lutte fut terrible. Le gros de l'armée prussienne opposé au 22e corps français y était, ainsi qu'à Essigny-le-Grand et les batteries tiraient non-seulement sur la propriété de M. Guérard, mais surtout sur le moulin de *Tout-Vent* où étaient les batteries françaises et sur la maison Patte.

Ce fut vers le soir que le jeune et malheureux Bideaux, propriétaire de la ferme de Lambay (Urvillers) fut tué par les Prussiens qui le prirent pour un franc-tireur.

J'ai parcouru cette plaine; partout encore on distingue les empreintes de pas des hommes et des chevaux.

Au moulin de Tout-Vent, on a remarqué surtout la belle conduite du 24e de ligne qui a beaucoup souffert; — le 17e chasseurs dont le chef a montré une intrépidité extraordinaire ; — le 1er et le 20e chasseurs, ainsi que le 90e de ligne. Ces corps se sont admirablement battus et les mobiles qui se trouvaient là ont aussi fait leur devoir.

Il y a eu un peu de dégâts aux maisons du Pis-Aller, route d'Essigny, mais ils ne sont pas en rapport avec l'importance de l'affaire et j'ai remarqué qu'en général, les constructions n'ont pas beaucoup souffert dans cette journée.

L'arme blanche a joué un grand rôle dans la vallée, entre Essigny et le Pis-Aller, vers le chemin de fer aérien, du côté de Grugies ; beaucoup de Français y sont enterrés, mais il y a bien davantage de Prussiens. La plaine et les vallées sont dévastées ; une grande quantité de betteraves sont encore dans les terres. On voit aussi en ce moment de tous côtés, dans les champs, du monde cherchant des débris quelconques de ces désastres.

Le 19 janvier, au matin, il y avait environ 12,000 Français, tant à Essigny qu'à Seraucourt, Castres et Contescourt. A six heures, ordre leur fut donné d'aller prendre leurs positions du côté de Saint-Quentin, et il était à peine huit heures quand le feu a commencé.

A Essigny, les batteries prussiennes furent établies à la Manufacture et à la maison neuve de Mme Caron. Les fantassins avaient occupé les premières maisons qu'on avait abandonnées et y avaient pratiqué des meurtrières, ainsi que dans les bâtiments ruraux. Ils se plaçaient aussi dans les jardins dont les haies servaient à les couvrir. Leur discipline est sévère, mais leur bravoure laissait quelquefois bien à désirer, car beaucoup de Prussiens se cachaient dans les granges, etc., et ne se montraient que sur des ordres formels de leurs chefs.

On a vu même l'un d'eux se faire sauter un doigt pour aller à l'ambulance.

En ce moment, la mairie et l'école servent aux blessés prussiens et la classe se fait à la salle de danse, inutile, comme on le pense bien.

Il y a dans ces ambulances une moyenne de trente blessés.

Combien ont échappé le jour de la bataille et ne verront plus jamais leurs foyers !

On trouve partout, dans les champs et dans les jardins, des éclats d'obus ; j'en ai ramassé quelques-uns dans le jardin de M. Flamant, dont la maison, située du côté de la Manufacture, a beaucoup souffert.

On dit qu'une bombe est tombée sur l'église d'Essigny ; certes, nos Français ne laissaient pas dormir les Allemands, et comme le disent les personnes qui ont suivi les péripéties de la lutte, sans les renforts extraordinaires qui arrivaient de tous côtés et qu'on évalue à 40,000 hommes venus tant par Montescourt que par La Fère, etc., leur défaite était certaine.

Seraucourt-le-Grand, 24 février 1871.

XV

Environs de Saint-Quentin.

(Suite.)

Il y a 314 ans, le 10 août 1557, avait lieu la bataille de St-Quentin, dite de Saint-Laurent ; le connétable de Montmorency y fut défait par les Espagnols, en cherchant à amener des renforts à la ville de Saint-Quentin, qui était alors assiégée.

Chose remarquable, on s'est battu le 19 janvier dernier contre les Allemands dans beaucoup d'endroits témoins, il y a trois siècles de la lutte contre les Espagnols, et en creusant la terre, particulièrement entre Seraucourt et Castres, ainsi que du côté de Contescourt, j'ai recueilli plusieurs ossements humains provenant de cadavres enterrés en 1557.

On ne peut s'empêcher d'éprouver une douleur amère à la vue de ces vieux débris, surtout en apercevant à côté d'autres fosses dont quelques-unes sont encore béantes.

En effet, M. Gobeau, de Seraucourt, qui m'accompagnait, me fit voir dans une pièce de terre aux environs un trou à marne très profond dans lequel on a déchargé des centaines de cadavres qu'on conduisait dans des tombereaux dont on voit encore les traces ; cette pièce de terre est piétinée en tous sens.

Ce trou, qui allait jusqu'à l'eau, est comblé à sept ou huit mètres près, de manière qu'en y jetant des pierres, elles résonnent comme sur des corps durs.

On ne peut voir l'intérieur ; une barrière en empêche l'approche et le terrain est glissant, ce qui offre du danger pour l'examiner de tout près. Sans doute, on le bouchera aussitôt que possible.

On ne quitte cette fosse que les larmes aux yeux, en pensant aux malheureuses victimes qu'elle renferme, et c'est alors qu'on réfléchit aux horreurs de la guerre et qu'on se plaît à souhaiter la paix universelle, qui, hélas, tardera peut-être encore longtemps à arriver.

On voit près du cimetière de Seraucourt l'endroit où étaient placées les batteries prussiennes qui ont commencé l'action en tirant sur le bois de Contescourt, belle position occupée d'abord par les Français qui l'ont quittée pour se rapprocher de Saint-Quentin.

On raconte à Seraucourt que les Prussiens à leur arrivée se sont repus dans certaines maisons de la mangeaille destinée aux porcs. Ils avaient, en général, un appétit vorace ; j'en ai eu chez moi qui mangeaient à quatre ce qui eut amplement suffi à vingt Français ! Quant à la boisson, j'avais en dernier lieu, entre autres, un artilleur poméranien qui se contentait de trente à quarante *kolbacs* d'eau-de-vie et de cinq à six bouteilles de vin par jour!

A Seraucourt, ils ont tout pillé, saccagé, détruit. La maison Rossy-Delaporte, qui n'était pas habitée, a été entièrement dévastée.

Dans les environs de Contescourt et de Castres se trouve la maison dite de Mme Patte, objectif de l'artillerie prussienne et qui a été le théâtre de combats particuliers très meurtriers.

Plus de trente Prussiens y ont été tués à la baïonnette, tant dans la cour que dans la maison où l'on voit partout des marques sanglantes. J'y ai recueilli une *éclichette* toute teinte de sang.

Partout, on voit des trous de balles.

Nos soldats avaient pris des rognées d'arbres et des bottes de paille pour s'en faire des redoutes.

Les accidents de terrain, les chemins creux, etc., avaient été utilisés, car on y retrouve beaucoup de débris de papiers à cartouches.

On a occupé toutes les positions avantageuses et les pertes ont dû être importantes dans ces parages ; de Grugies à Gauchy, on voit partout les empreintes du passage des troupes et des combats livrés.

Les marchands et les débitants de toutes ces contrées sont totalement dépourvus, et c'est avec grand' peine qu'on peut avoir à manger.

J'ai réussi à avoir un petit morceau à l'estaminet, vis-à-vis l'église de Gauchy, là où d'ordinaire les Saint-Quentinois vont se régaler d'une bonne friture. Quant à de l'avoine, il n'y en a plus nulle part.

En traversant le canal, on se trouve à Rocourt et l'on peut constater sur la route des dégâts aux arbres atteints par les projectiles.

On voit aussi sur la hauteur le moulin abandonné ; il était déjà en mauvais état, mais les bombes et les obus en ont achevé la ruine.

A Oëstres, chez M. Fracassin, on voit plusieurs trous de balles et d'obus ; son établissement a été dévalisé.

Le canal étant gelé, un Français (civil) le traversa en tirant sur les Prussiens, mais malheureusement il y fut tué ; un chien eut le même sort.

Il y a quelques Prussiens enterrés à Oëstres et à Dallon. Ces localités ont été entièrement dévastées après la bataille. La maison de M. Lantiers, débitant sur la digue, a aussi été traversée par des balles.

Deux chevaux ont été tués dans l'écurie de M. Turbeaux.

L'affaire a été très chaude à l'Epine de Dallon, sur la route.

Cette position, occupée d'abord par nos Français qui s'y étaient retranchés et y avaient pratiqué des créneaux, fut vaillamment défendue et l'on ne céda qu'au grand nombre. La ferme de M. Cardon porte partout des traces du combat; elle avait dû être abandonnée; aussi tout y fut pillé, saccagé et les meules en partie brûlées; elle est en ce moment dans un bien triste état. Il paraît que le lendemain de la bataille, la cour, ainsi que la route, vis-à-vis, étaient jonchées de débris et de toutes sortes d'objets. Il y eut aussi une ambulance où furent soignés un grand nombre de Prussiens.

Dans les environs d'Holnon, les combats du 19 ont été très meurtriers.

200 Prussiens arrivant en ce moment de Maissemy pour réquisitionner à Holnon, je remets à plus tard ma visite à Francilly, Selency, etc.

En se rendant à Saint-Quentin, on voit plusieurs sépultures dont quelques-unes sont assez rapprochées de la route.

A mon retour en ville, j'apprends que la paix a été ratifiée par l'Assemblée de Bordeaux par 546 voix contre 107 opposants.

Saint-Quentin, 2 mars 1871.

XVI.

Saint-Quentin.

11 OCTOBRE 1870.

Au moment où j'arrive, on enterre les victimes de la belle défense de Saint-Quentin, du 8 octobre.

Les deux gardes nationaux, Martin et Lecompte, dont la mémoire ne périra jamais, reçoivent les honneurs dûs au courage civique.

M. Testelin, M. Anatole de la Forge, les autorités civiles et militaires, et un grand nombre de gardes nationaux, de pompiers et de soldats, ainsi qu'une foule innombrable de citoyens ont accompagné à leur dernière demeure ces deux braves qui ont payé de leur vié la résistance aux Prussiens.

On vient d'afficher la dépêche du gouvernement de Tours qui félicite la ville de Saint-Quentin de sa belle résistance et la remercie du grand exemple qu'elle vient de donner aux villes ouvertes.

L'aspect de la cité est imposant; depuis deux jours, il arrive de toutes parts de la troupe et des mobiles; on s'attend d'un moment à l'autre à les voir partir pour reprendre Laon et aller dégager Soissons.

L'enthousiasme est à son comble; les étrangers qui arrivent de tous côtés visiter la ville sont en nombre considérable. On entend partout la musique, les clairons, les tambours, ce qui fait ressembler Saint-Quentin à une place de guerre importante; il y a, en effet, en ce moment plus de 10,000 hommes sous les armes.

J'ai visité la rue et le faubourg d'Isle, ainsi que le Petit-Neuville. Les barricades sont encore intactes et ce n'est qu'en faisant un détour qu'on pénètre dans le faubourg. Partout, on voit des traces de balles.

Au Petit-Neuville, beaucoup de portes ont été enfoncées.

Pourtant, les dégâts n'ont pas une grande importance, sauf le moulin de M. Tabary, qui a été brûlé et dont les débris noircis sont gisants. Un poste de mobiles y est établi et des factionnaires sont placés dans ces parages de distance en distance.

Le 8, avant de se retirer sur Ribemont où ils ont couché, les Prussiens avaient fait emplir leurs gourdes d'eau-de-vie chez les débitants, après en avoir bu plus que copieusement. Par précaution, ils en faisaient goûter avant d'en boire eux-mêmes.

L'établissement de M. Daimé, à Saint-Antoine, a eu la chance de ne pas avoir ses portes enfoncées.

Huit habitants du Petit-Neuville, y compris MM. Basquin et François, ont été enlevés par les Prussiens, sous prétexte qu'on avait tiré sur eux de leurs jardins ou de leurs maisons.

---

7 FÉVRIER 1871.

Débarrassé depuis deux jours seulement de nos hôtes incommodes, je viens à Saint-Quentin que je n'avais pu voir depuis la sanglante bataille du 19 janvier.

Quelle tristesse ! Quel morne aspect !

Je rencontre en arrivant des Prussiens venant d'assister à l'enterrement de quelques-uns des leurs ; il en meurt tous les jours des suites de leurs blessures.

Leurs cérémonies funèbres sont silencieuses. Sans doute ils réfléchissent comme nous aux malheureuses conséquences de la guerre. Et dire que tous ces maux qu'elle entraîne proviennent de la volonté de deux hommes, par cela seul qu'ils commandent despotiquement à leurs peuples ! Et l'on voudrait encore subir ce joug odieux !

Il y a, en ce moment 2 à 3,000 Allemands dans la ville, mais fort disséminés ; ils passent des revues, font des marches et des contremarches, changent souvent de logement, sans doute pour les faire croire encore plus nombreux qu'ils ne sont.

Saint-Quentin est très calme et la question des élections qui vont avoir lieu demain ne semble passionner que médiocrement. L'ennemi est là !

L'*Indépendance belge* et l'*Etoile* sont les seuls journaux étrangers qui paraissent, en sorte que les nouvelles font entièrement défaut.

Cependant, on voit que Saint-Quentin votera pour la liste républicaine en tête de laquelle se trouve notre honorable M. Malézieux.

Je vois à beaucoup d'endroits, à la gare et dans les environs, surtout au café Lancelle, près le bureau de l'octroi, de tristes souvenirs de la bataille, vitres cassées, planches trouées, etc., etc.

Partout, on me raconte des scènes de pillage, de vandalisme commises par les soldats allemands ; rien n'était épargné et Saint-Quentin se souviendra longtemps de cette affreuse journée du 19 janvier, et de la nuit surtout.

En entrant au café des *Bons-Enfants*, tenu par M. Filachet-Dubois, j'ai été navré à la vue des ravages qu'il avait éprouvés. Toutes les tables de marbre et les glaces sont brisées.

Il paraît que, dans la soirée du 30 janvier, un cavalier saxon ivre, étant entré avec trois de ses camarades, ils burent des choppes qui furent payées et les trois Saxons s'en allèrent ; mais le soldat resté seul voulut du cognac qu'on évita de lui donner, pour ne pas aggraver sa position. Exaspéré, il tira son sabre et se mit à briser les vitres de la porte d'entrée.

Pendant que M. Filachet allait à l'hôtel d'Angleterre chercher un officier pour mettre fin à ce désordre, le soldat se blessa au poignet en frappant contre les vitres. En le transportant au poste, il voulut faire croire qu'il avait reçu un coup de couteau, et M. Filachet fut appelé pour faire sa déclaration ; mais alors, une quarantaine de soldats, sous la conduite d'un employé des postes allemandes, firent irruption dans l'établissement, brisant à coups de crosse de fusils les glaces, les tables de marbre, les chaises, les verres et tout ce qui s'y trouvait.

Ils prirent également environ 300 francs dans le tiroir. Puis quelques-uns d'entre eux forcèrent Mme Filachet à les conduire aux appartements du haut, où ils enfoncèrent les portes, brisant les armoires et tout ce qui était à leur portée. Que faire à cela? Avec la fameuse maxime de Bismarck : *La force prime le droit*, on n'a qu'à s'incliner.

Beaucoup de chefs étaient à l'unisson de leurs subordonnés. Ainsi, au Catelet, on avait pris à un cultivateur tout son vin en bouteilles ; il alla trouver le colonel, qui logeait vis-à-vis, pour s'en plaindre. Vous a-t-on tout pris? lui demanda le colonel. — Il ne m'en reste plus qu'une demi-pièce. — Faites-la conduire dans ma chambre, — ce qui fut fait. Le lendemain, le vin était chargé avec les bagages du colonel!

On sait que la bonne de M. Deligne, aubergiste, routes du Cateau et de Cambrai, fut tuée le 19 janvier.

Il paraît que, dans la retraite, nos soldats arrivaient dans la rue Neuve-Saint-Jean et le boulevard Richelieu, cherchant à fuir; la maison Deligne s'emplit de nos troupes.

Tout-à-coup, l'ennemi arrive, va à la porte pour entrer et voit des mobiles. Aussitôt, il ouvre à travers les vitres un feu de peloton dans la maison. C'est en ce moment que la bonne, qui était au comptoir, reçut le coup mortel.

Que de victimes innocentes n'a-t-elle pas faites cette guerre monstrueuse et de quelles malédictions ne doit-on pas charger ceux qui l'ont entreprise !

Saint-Quentin, 7 février 1871.